AF230478

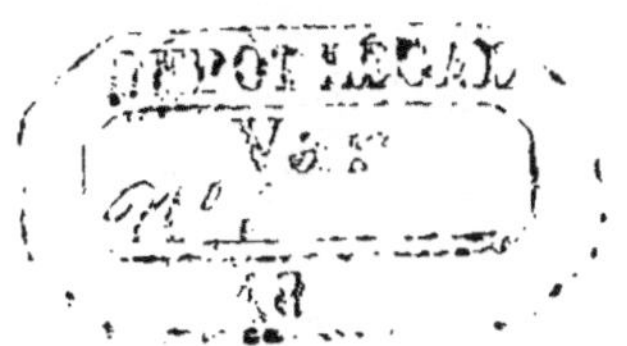

LE RÉVÉREND PÈRE

DENIS AUGUSTIN LAMOTTE

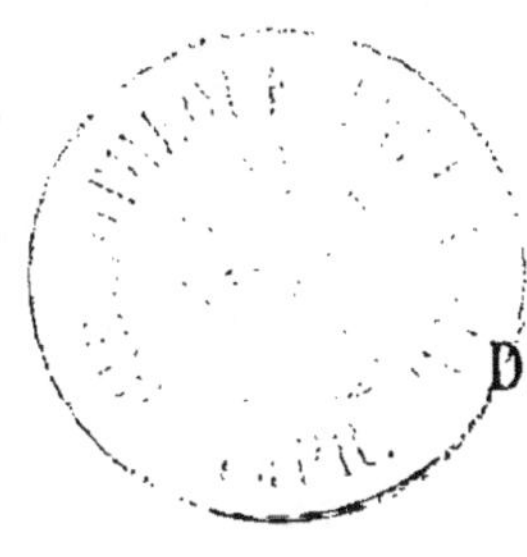

RELIGIEUX

DE LA SOCIÉTÉ DE MARIE

PAR

UN RELIGIEUX DE LA MÊME SOCIÉTÉ.

TOULON

IMPRIMERIE Vᵉ E. AUREL, RUE DE L'ARSENAL, 13.

1868.

AU TRÈS RÉVÉREND PÈRE FAVRE,

Supérieur général de la Société de Marie.

———

A MONSIEUR MARTIAL LAMOTTE,

Professeur à l'école de Médecine et de Pharmacie, à Clermont.

———

AUX ANCIENS ÉLÈVES

De Saint Chamond, de Riom et de La Seyne.

———

LE R. P. LAMOTTE.

Nunquam torpebat otio, nunquam
a studio cessabat ; semper scripsit,
semper docuit, semper oravit.

———

Jamais il ne s'engourdit dans le
repos, jamais il ne cessa d'étudier,
toujours lisant, écrivant, enseignant
ou priant.

DE OFF. V. BEDŒ PRESB.

Le religieux auquel ces pages sont consacrées a
passé, comme la plupart d'entre nous, son enfance
dans sa famille et sa première jeunesse sur les bancs
d'un petit séminaire. Novice à dix-sept ans, profès
à vingt-un, les dix-neuf années de sa vie religieuse se
sont écoulées dans les colléges, où il a vécu comme
professeur, et où il est mort, comme un solitaire in-
connu, entre les bras de ses frères. Il n'avait rien,
au dehors, de ce qui attire les regards et les admi-
rations de la foule ; aucun fait éclatant ne s'est lié à
son nom ; nulle renommée n'a environné cette mo-
deste existence. Cependant, c'était un de ces hommes

dont l'Ecriture dit que « leurs jours sont pleins » (1), et « que leur mort est précieuse devant le Sei- « gneur » (2). Ses œuvres, accomplies à l'ombre du sanctuaire, ont projeté leur influence dans le monde comme ces ruisseaux limpides dont la source est cachée, et dont les flots portent au loin la ferti- lité dans les plaines. Dans les labeurs d'une ingrate et pénible carrière, il déploya un zèle admirable et un dévouement prodigieux, et, en même temps, les aimables qualités de son cœur et de son esprit ont laissé le plus tendre souvenir dans le cœur de tous ceux qui l'ont connu.

Ce n'est point une biographie que nous prétendons offrir à la famille du Révérend Père Lamotte et à ses frères en religion. Une telle histoire, pour être sans éclat, ne serait pas sans attrait. C'est la vie silencieuse du cloître mêlée à la vie active du professorat ; c'est l'a- mour de Dieu et l'amour du prochain unis dans un sacrifice perpétuel ; mais les pages en seraient unifor- mes, et un pareil récit dépasserait de beaucoup les bornes que nous nous sommes prescrites.

L'Eglise, dans sa liturgie, peint, en quelques mots, l'un de ses vénérables docteurs, un moine du VIIIe siècle :

____

(1) Dies pleni invenientur in eis. (Ps. 72, 10.)
(2) Pretiosa in conspectu Domini mors sanctorum ejus. (Ps. 115, 15.)

« **D**ès qu'il fut prêtre, jusqu'au terme de ses jours,
« il ne cessa d'enseigner ou d'écrire. Il avouait que
« rien ne lui plaisait tant que de s'instruire lui-même
« et d'instruire les autres. Jamais il ne s'engourdit
« dans le repos ; jamais il ne cessa d'étudier. On le
« vit toujours occupé à lire, à écrire, à enseigner, à
« prier, sachant que l'amour de la science triomphe
« facilement des convoitises de la chair. Il eut un
« grand nombre de disciples, en qui son zèle et son
« exemple provoquaient un incroyable amour pour
« la science ; et plusieurs de ceux qu'il a formés
« sont devenus illustres, non seulement par leur
« savoir, mais encore par la sainteté de leur vie et la
« solidité de leur foi (1). »

Le P. Lamotte revit tout entier dans ces lignes ;
religieux exemplaire et professeur éminent, il était
de plus un confrère et un collègue des plus aimables.
Nous nous proposons de mettre en saillie ces divers
caractères ; puis nous raconterons en détail les phases
de sa dernière maladie, pendant lesquelles la douleur

---

(1) Anno vitæ suæ decimo nono diaconus factus est, trigesi-
mo presbyter, ex quo tempore usque ad ultimum vitæ suæ do-
cere aut scribere non destitit. Sicut enim ipse de se fatetur,
nihil illi dulcius erat quam divinas legere sedulo et exponere
Scripturas. Nunquam torpebat otio, nunquam a studio cessabat ; semper legit, semper scripsit, semper docuit, semper oravit, sciens quod amator scientiæ salutaris vitia carnis facile su-
peraret .. Habuit multos egregios discipulos quos studio et
exemplo ad amorem scripturarum incredibili fervore provoca-
bat Nec solum studiis, sed quod iis amplius est, religionis san-
ctitate, quos docuit, fecit insignes. (De officio V. Bedæ presb.)

mit le sceau à sa vertu, et tailla, en quelque sorte, les derniers diamants qui manquaient à sa couronne.

I

Ce qui frappait tout d'abord, dans le Révérend Père Lamotte, c'était un fond admirable de droiture et de simplicité. Son âme se reflétait sur son visage, et ses paroles étaient la fidèle image de ses pensées. De bonne heure, il avait rompu avec les passions et les intérêts du siècle ; il en ignorait les dissimulations et les finesses. Sa vie s'est toute écoulée entre ses confrères et ses élèves, et jamais, dans ses relations, il ne mit de calcul et d'arrière-pensée. Bon par instinct, autant que par vertu, il ne soupçonnait pas qu'on pût être autrement. Plus on entrait dans son intimité, plus on était charmé de l'amabilité franche de son esprit et de la confiante ouverture de son cœur.

Il avait pour ses confrères une sorte de vénération affectueuse ; il était aimable sans effort et poli sans affectation. Mais cette franchise même donnait une sorte de liberté à son langage, et la déférence qu'il avait pour tous ne l'empêchait pas de donner un bon avis. Dans son enseignement, dans ses méthodes, dans ses systèmes, il y avait des idées personnelles, des opinions hasardées. Disons même, pour être franc à notre tour, qu'il eut parfois des conceptions originales, et qu'il lui arriva de se tromper plus d'une fois. Mais, ce qu'il y a de certain, c'est qu'en toutes choses il n'était mû que par la pensée du bien, et jusque dans ses écarts, il fut toujours d'une parfaite sincérité. Souvent il appelait la discussion sur ses systèmes et ne craignait pas ce conflit des opinions d'où jaillit la vérité. On l'attaquait, il se défendait de bonne foi, même devant ses supérieurs ; mais ce qui corrigeait admirablement des témérités qui pouvaient paraître paradoxales, c'est que, en pratique, il n'y avait pas de religieux plus soumis, plus humble de cœur, plus prompt à exécuter les mesures que lui-même avait combattues ; c'est que jamais, même dans les discussions les plus ardentes, il ne s'oublia jusqu'à blesser la charité. S'il soutenait ses allégations, c'est parce qu'il les croyait vraies ; mais il eût tout sacrifié plutôt que de porter atteinte à l'obéissance ou à la bonne harmonie de la communauté, Il disait un jour à l'un de ses plus ardents contradicteurs : « C'est singulier ! comme professeurs, en histoire, en philosophie, en littérature, nous sommes souvent en désaccord ; comme confrères, jamais. »

II

Si le confrère était aussi aimable, le religieux et le prêtre n'étaient pas moins édifiants.

Malgré ses nombreuses occupations, il ne manquait ni l'oraison, ni les examens, ni aucun des devoirs prescrits par la règle, ne se dispensant pas des exercices communs sans motifs graves et sans y être dûment autorisé. Dans les circonstances exceptionnelles, aux veilles des examens, par exemple, il s'entendait avec ses supérieurs, qui n'accordaient pas sans peine, mais enfin il obtenait de prendre sur la récréation, sur la nuit, pour satisfaire à ses devoirs, et, en règle du côté de l'obéissance, il trouvait moyen de suffire à tout.

C'était surtout à l'autel, pendant qu'il célébrait les Saints Mystères, qu'éclatait sa piété. Il n'omit jamais, tant que ses forces le lui permirent, cette importante action que tout bon prêtre regarde bien plus comme une consolation que comme un devoir. Il disait la messe avec un profond sentiment de respect, et son extérieur grave et recueilli témoignait de la vivacité de sa foi. Des laïques, qui avaient eu occasion de l'observer à l'autel, nous ont avoué que sa manière de dire la messe les avait singulièrement édifiés. Comme il estimait que rien au monde n'est plus glorieux à Dieu et plus méritoire pour les fidèles, il célébra le Saint-Sacrifice jusqu'à ce que ses pieds malades n'eurent plus la force de le soutenir. Ce fut dans les premiers jours d'avril qu'il fut forcé de s'arrêter et que son extrême faiblesse le retint cloué sur son fauteuil.

Quelle privation il ressentit pendant les deux mois qu'il vécut encore ! Il y suppléa, autant qu'il put, par la sainte Communion qu'il reçut deux ou trois fois par semaine jusqu'à sa fin.

A cette piété profonde envers Dieu, il joignait une tendre et filiale dévotion envers Marie. Il l'aimait, non d'une affection minutieuse et puérile, mais fortement et tendrement, comme un fils qui a grandi sous les yeux de sa mère, et dont l'amour devient plus profond et plus dévoué, à mesure qu'il comprend mieux sa tendresse et ses soins. Il aimait du même cœur la société religieuse dont il était membre. En bon religieux Mariste, il récitait le chapelet tous les jours, et toutes les pratiques de la vraie dévotion à la Ste-Vierge lui étaient familières. Il vénérait spécialement saint Joseph, l'auguste époux de Marie, et saint Augustin, son patron spécial ; les âmes du purgatoire avaient aussi une part dans ses affections et ses prières ; et comme tout était réglé en lui, à telle heure du soir, après toutes ses classes terminées, tous ses devoirs accomplis, on était sûr de le trouver à la chapelle, parcourant les stations du Chemin de la Croix.

La piété du **P.** Lamotte était plutôt concentrée qu'expansive : point d'effusion, point d'exaltation, peu de sensibilité : rien ne le distinguait du commun :

tout était régulier, ordinaire, presque inaperçu, et ceux-là seuls qui suivent une voie pareille peuvent comprendre ce qu'il y a d'héroïque à observer pendant vingt années une règle qui impose tous les jours les mêmes exercices et les mêmes devoirs.

III

Ce qui a été dit jusqu'à présent du P. Lamotte peut s'appliqner à tout prêtre zélé pour ses devoirs, à tout religieux fidèle à sa vocation. Maintenant transportons-nous dans sa classe, au milieu de ses élèves, et étudions le professeur ; c'est là que nous le verrons déployer de merveilleuses aptitudes, là qu'il nous apparaîtra grand par le savoir, par l'intelligence, et surtout par un dévouement sans relâche porté jusqu'à l'immolation et au martyre.

Il avait reçu du ciel cette flamme sacrée, rayon de la charité divine, qui consume lentement une existence au service du prochain. Le prochain, pour lui, c'était l'enfance et la jeunesse des écoles. Jésus avait eu une prédilection spéciale pour les enfants ; l'innocence et la simplicité de cet âge attiraient ses caresses. Il aimait aussi les jeunes gens : témoin ce pieux jeune homme qui lui ouvrit son cœur, lui demanda les moyens de se sanctifier, et reçut de sa bouche divine les conseils de la plus haute perfection. Disciple intelligent du divin **Maître**, le **R. P.** Lamotte aimait les enfants et les jeunes gens de la même manière. Il les aimait, non de cette affection sensible qui est souvent une faiblesse, mais d'un amour fort, surnaturel et désintéressé ; il voyait en eux, non les grâces fugitives du moment, mais les grands intérêts de leur avenir ; et s'il travaillait à leur donner la science, il s'efforçait encore plus de leur inspirer la sagesse, en les pénétrant de ces convictions solides qui fixent dans le bien, et qui montrent le vrai bonheur de la vie comme le compagnon ordinaire du travail et de la vertu.

Le **P.** Lamotte avait fait ses études au petit séminaire d'Iseure. A cette époque, sans être un sujet d'élite, il manifestait déjà un goût marqué pour les sciences. Dans les classes de mathématiques, de physique, de chimie et d'histoire naturelle, il avait les premiers rangs, et à la fin de l'année, c'est lui qui remportait les couronnes. Ces aptitudes et ces succès le désignaient naturellement à la carrière professorale et indiquaient ses spécialités. Après les épreuves ordinaires du noviciat et de la profession religieuse, ses Supérieurs le trouvèrent tout préparé à l'enseignement des sciences. Les colléges libres, nés de la loi de 1850, rivalisaient déjà avec l'enseignement officiel. Les institutions de Saint-Chamond, de Riom, de La Seyne, avaient toutes les classes jusqu'à la Philosophie. Or, l'enseignement des classes supérieures comprenait les sciences et les lettres ; et l'on n'ignore pas quelle est, dans les deux branches d'études, l'étendue des programmes universitaires.

Le P. Lamotte fut d'abord chargé de préparer les élèves de Saint-Chamond au baccalauréat ès-lettres. Mais il ne s'en tint pas là. On le vit, en même temps, enseigner les sciences aux élèves de **Rhétorique**, de Seconde et de Troisième. Une année, il ajouta à tous ces travaux la préparation au baccalauréat ès-sciences.

Ce que le **P. Lamotte** fit à Saint-Chamond, il le renouvela à **Riom** et à **La Seyne**, où il fut envoyé successivement par ses supérieurs. Il fut même rappelé une deuxième fois à **La Seyne**, et c'est là que se termina sa carrière professorale avec sa vie.

Mais alors plein de jeunesse et d'ardeur, il allait au devant des charges ; il voyait les besoins des élèves et connaissait à fond les programmes et les difficultés ; il traçait les plans d'étude, comptait les heures *utiles*, alléguait à chacune sa part de travail, et donnant lui-même l'exemple, il travaillait avec une activité infatigable. A l'approche des examens, il se levait à trois heures du matin et se couchait après dix heures du soir. Si ces tours de force ne se renouvelèrent pas plus souvent, c'est que l'obéissance y mit un frein :

mais, ses efforts ne se **ralentirent jamais**, son application fut constante, et le seul reproche qu'on puisse faire à un pareil dévouement, c'est d'avoir dépassé toutes les limites, et d'avoir abrégé, par des labeurs que rien ne put modérer, une vie que nous aurions tous voulu prolonger au dépens de la nôtre.

On conçoit quelle autorité de pareils exemples donnaient à ses enseignements. Avec un tel maître il fallait nécessairement marcher ; nulle excuse à la légèreté, nul prétexte à la paresse ; les plus indolents, comme les plus rebelles, étaient entraînés par l'exemple. L'ascendant du professeur triomphait presque toujours soit du découragement, soit de la mauvaise volonté ou de l'inertie. Aussi, chaque année, le succès venait récompenser les efforts communs du maître et des disciples, et il serait difficile de compter les bacheliers qui, préparés par ses soins, lui sont redevables de leur diplôme.

Quelques années avant sa mort, l'enseignement du P. Lamotte changea tout-à-coup d'objet et de caractère. Grâce à l'initiative d'un professeur éminent qui voulut bien mettre à notre service son vaste savoir et sa grande expérience, un cours de marine fut fondé au collége de La Seyne. La proximité d'une grande ville, le voisinage d'un port militaire, et plus encore, la célébrité du maître, attirèrent bientôt de nombreux élèves. Le succès ne se fit pas attendre, et après quelques essais, la nouvelle école fut organisée définitivement en vue des concours d'admission à l'Ecole Navale.

Le programme de ces concours comprenait deux parties ; l'une, fixe, roulait sur les sciences exactes ; l'autre, variable, embrasssait des notions de physique, de chimie, de latin, d'anglais, de dessin, d'histoire et de géographie. La partie mathématique était dominante ; les élèves s'y adonnaient volontiers, parce qu'aux examens, les notes de sciences avaient une influence décisive. L'autre partie, quoique très complexe, ne fut longtemps qu'un accessoire très secondaire, et les élèves s'y appliquaient médiocrement. Mais, en 1865, le programme changea tout-à-coup ; les sciences expérimentales furent éliminées, et les lettres acquirent une importance égale à celle des sciences.

C'était tout un enseignement à créer ; il fallait pour cela un professeur dont le talent et l'habileté donnassent un puissant intérêt à ce cours, jusque là dédaigné par les élèves. Nul, autant que le P. Lamotte, n'avait ces qualités réunies. Il avait enseigné les sciences pendant quinze ans : naguère encore, professeur de physique et de chimie, il gardait auprès de ses nouveaux élèves le titre de répétiteur ou de *col-*

leur (1) pour la partie scientifique ; doué d'ailleurs d'une indomptable énergie, c'était l'homme désigné pour le nouveau cours, et, chose singulière ! par suite de toutes ces mutations, il arriva que le **P**. Lamotte, qui toute sa vie s'était adonné aux sciences, se trouva, ces deux dernières années, exclusivement professeur de lettres.

Mais, quel nouveau champ offert à son zèle ! C'est surtout dans cette carrière que le **P**. Lamotte eut besoin de son expérience et de ses riches facultés. Le programme était vaste et le concours difficile ; il s'agissait de rendre des jeunes gens de seize à dix-sept ans capables d'être classés parmi les soixante ou quatre-vingt premiers, sur un nombre qui allait de cinq cents à mille concurrents. La tâche était grande et le temps mesuré. Notre confrère trouvait un magnique exemple dans l'admirable dévouement de son collègue. Quant à lui, il fut de suite à la hauteur de sa mission ; il divisa les matières, multiplia les recherches, compila les auteurs et se donna des peines inouies pour simplifier le travail des élèves ; ceux-ci, légers et mobiles, étaient étourdis par cette activité dévorante ; et le professeur achevait de la fixer par l'énergie de sa volonté et l'entraînement de son exemple. Pour eux,

(1) Ce mot tiré du jargon écolier et adopté dans toutes les Écoles préparatoires, désigne un maître qui, en dehors des classes communes, interroge les élèves sur les matières déjà apprises, et les exerce, par des examens répétés, à paraître sans crainte et à repondre avec sûreté aux examens définitifs.

il résuma toutes les branches de son enseignement dans des abrégés courts et substantiels, que les enfants retenaient sans peine et qui satisfaisaient à tout. Il fit, pour me servir d'une comparaison familière, comme les mères qui mâchent à leurs enfants la nourriture qu'ils ne pourraient s'assimiler tout seuls. On sait que, jusque dans ces derniers temps, après avoir tant d'années professé l'histoire et la géographie, il mettait cinq ou six heures pour préparer une leçon qui durait vingt minutes.

Et quand arrivaient les époques redoutables des examens, c'est alors surtout qu'il se mettait à leur service, qu'il les aidait de son érudition et de son expérience. Consulté à chaque moment et sur toute espèce de sujets, il se tenait à leurs côtés comme un répétiteur assidu. Il passait ainsi, sous les ardeurs de la canicule, un long mois des vacances avec eux, et ne les abandonnait que lorsque les dernières épreuves étaient terminées. Il était en cela admirablement secondé par l'excellent M. Eydoux, qui ne s'épargnait pas davantage.

Les élèves rendaient au P. Lamotte l'affection qu'il leur portait. Nous savons combien l'enseignement par lui-même est un labeur rude et ingrat. Les enfants comprennent et apprécient rarement les soins qu'on a pour eux : que le professeur se dépense, s'use et se sacrifie ; les élèves d'ordinaire en ont peu de souci. Est-il ferme et sévère ? on l'accuse de dureté, sinon d'injustice. Est-il indulgent et facile ? on le méprise, on abuse de sa bonté en cent manières. Plus tard, quand l'homme a goûté de la vie, quand il a éprouvé dans le monde combien il y a de calcul dans les plus beaux dévouements, et d'égoïsme dans les meilleures amitiés, il retourne son regard vers le passé, vers ces murs où sa jeunesse s'écoulait insouciante, il se rappelle ses condisciples et ses maîtres, et il comprend alors qu'il n'eut jamais de meilleurs compagnons ni d'amis plus désintéressés. Mais la culture des esprits est comme celle des plantes, et le laboureur ne moissonne que longtemps après avoir semé.

Le P. Lamotte n'eut pas à attendre cette justice tardive de ses élèves. Malgré la direction vigoureuse qu'il leur imprimait, malgré quelques sévérités inévitables, il était universellement aimé dans sa classe et honoré dans la maison. Nous verrons tout-à-l'heure comment cette affection et cette reconnaissance éclatèrent pendant sa maladie et au jour de ses funérailles.

IV

De pareils travaux, qui augmentaient chaque année avec le nombre de ses élèves, devaient l'accabler à la fin. Ses vacances, trop retardées par les examens, bien que prolongées d'autant après la rentrée, ne suffisaient plus à réparer ses forces. L'année qui précéda sa mort, un nouveau et brillant succès vint s'ajouter à tant d'autres, mais il tomba épuisé et fit une maladie grave dont il ne se releva que grâce à l'air natal et aux soins empressés qu'il reçut dans sa famille.

A peine debout, il revint à **Lyon**. Là, ses supérieurs hésitèrent à le renvoyer à **La Seyne**. Plusieurs réclamaient pour lui une année de repos. Mais lui, plein de courage et redoutant l'oisiveté, se déclara suffisamment guéri et obtint de revenir bravement à son poste. A son retour, grâce aux succès qu'il venait d'obtenir, la renommée de l'école avait encore grandi ; et, de nouveaux venus s'ajoutant aux anciens, le nombre des élèves de marine s'éleva à quarante-deux et bientôt à quarante-cinq. On les avait séparés en deux cours pour l'enseignement des sciences. Il eût fallu en faire autant pour celui des lettres. Mais le Père, plus compétent que tout autre, préféra les avoir réunis. Ce fut une faute, qu'il reconnut trop tard. Pour le moment, il consulta son courage plus que ses forces et, prenant le fardeau tout entier, il le porta jusqu'au jour où il en fut écrasé.

Les premiers symptômes du mal qui devait nous le ravir, furent de longues et pénibles insomnies ; le sommeil le fuyait sans qu'aucun moyen naturel ou artificiel pût le ramener. Bientôt même, il ne put plus reposer dans son lit ; des douleurs névralgiques se manifestaient dans les régions voisines du cœur et le suffoquaient dès qu'il voulait s'étendre pour se coucher. Il passa ainsi des nuits entières, assis dans son fauteuil, se levant de temps à autre pour aller à la fenêtre et respirer plus à l'aise.

A ce moment encore il continuait ses classes, préparait ses leçons, corrigeait ses copies, se transportait au milieu de ses élèves, auxquels il prodiguait les restes d'une vie qui lui échappait visiblement.

Les Docteurs de l'établissement, témoins de cet affaiblissement progressif, commençaient à s'en inquiéter. Ils prononcèrent les mots *d'anémie* et de *consomption*, mais sans indiquer de maladie spéciale ; aucun organe ne paraissait atteint essentiellement. La constitution était vigoureuse ; l'énergie morale dominait les défaillances physiques. On se souvenait que plus d'une fois le malade avait passé par des états semblables. Le grand air, un exercice modéré, un régime fortifiant, surtout un repos plus ou moins complet, triompheraient aisément de ces fâcheux symptômes.

Tout cela fut observé, et tout cela fut inutile. D'abord on décida qu'il ne ferait plus la classe le matin. Mais cette mesure à laquelle il se conforma strictement lui fut peu profitable ; car s'il ne se ren-

dait pas, la matinée, au milieu de ses élèves, il s'oc-
cupait encore d'eux en travaillant à préparer sa classe
du soir ; puis, dans l'après-midi, il les prenait à une
heure et demie, quelquefois plus tôt ; et faisant succé-
der les exercices particuliers à la leçon générale, il
les gardait, sauf le temps de la récréation et des re-
pas, jusqu'à neuf heures du soir.

Cependant, le mal croissait et les forces de notre
confrère dépérissaient. Sur l'avis du docteur, on lui
prescrivit un régime à part, et deux heures de pro-
menade avant midi. Tout cela lui coûta beaucoup;
le repos n'allait pas à son caractère. Hors le temps
des récréations, qu'il prenait très agréablement avec
ses confrères, il ne se trouvait heureux qu'au milieu
de ses enfants ou à travers ses cartes et ses livres.

A la fin, il fallut absolument renoncer à sa classe ;
il comprit alors, mais trop tard, qu'il avait trop em-
brassé en gardant à la fois sous sa main tant d'élèves
qui différaient d'âge, de raison et de connaissances
acquises. Suivant son conseil, la classe fut divisée
en deux cours ; et deux professeurs furent nommés
pour continuer son œuvre.

V

Alors commença cette période de souffrances qui
dura trois mois, pendant lesquels il nous donna de si

beaux exemples de toutes les vertus. Cet esprit si ferme, qui avait eu, selon le besoin, des volontés si énergiques, s'assouplit tout-à-coup. Il raisonna, il est vrai, jusqu'au bout les causes, les progrès et tous les incidents de sa maladie ; chaque matin, il exposait sa situation au docteur, la discutait avec lui ; mais cela fait, il se soumettait absolument à ses décisions. Quant à sa conduite religieuse et aux intérêts de son âme, il s'était depuis longtemps remis entre les mains de son directeur, comme un enfant entre les mains de sa mère.

Bientôt le malade se trouva en proie à des crises qui devinrent fréquentes et douloureuses. C'étaient des constrictions nerveuses qui naissaient dans la région du cœur et de là irradiaient en divers sens dans l'estomac et la poitrine. Pour combattre ces terribles accès, le docteur ordonna et vint lui-même appliquer un caustique sur deux points qui le faisaient le plus souffrir. L'opération dura dix minutes et causa d'atroces douleurs. Le **P.** supérieur et le **P.** économe l'assistaient dans cette cruelle épreuve. — « Mon « père, dit le premier, songez au coup de lance qui « perça le côté de Notre-Seigneur. » — « Oui, « mon père, répondit-il. » Et pas une plainte ne lui échappa pendant que la douleur dévorait ses chairs et faisait frémir tous ses membres. Quelques jours après, on lui appliqua trois vésicatoires autour de la ceinture ; c'était donc cinq blessures à panser matin et soir, opération douloureuse à laquelle il se soumit avec une courageuse résignation (1).

Pendant les dernières semaines, l'inflammation des jambes amena encore de nouvelles plaies aux pieds ; il fallut oindre et bander toutes ces blessures ; et grâce à son énergie constante, grâce aux attentions délicates des mains qui le soignaient, il en vint à subir ces opérations en silence, avec une sorte d'insensibilité, comme si elles s'étaient faites sur un autre.

Cependant, le P. Lamotte ne se croyait pas encore mortellement atteint. Quelquefois, il envisageait l'avenir et disait à ses confrères : « Je sens bien que « je ne reviendrai pas à la santé, mais je recouvre- « rai peut-être assez de forces pour *coller* nos « élèves de marine. » D'autres fois il disait, avec une absolue résignation : « Si Dieu veut me rendre « la vie, je ne refuse point le travail ; je voudrais « pouvoir faire encore davantage.... » et après un moment de silence : « ou plutôt je ne veux rien ; un « Mariste ne doit pas dire : je veux ceci ou cela. » Que de fois il a répété : « *Fiat voluntas tua sicut*

(1) Nous avons les plus grandes obligations aux deux docteurs, MM. Prat et Daniel, qui n'ont cessé de se dévouer à notre cher malade jusqu'à sa dernière heure. Les dames Trinitaires chargées des divers services dans l'établissement nous ont aussi donné le plus charitable et le plus précieux concours. Le P. Lamotte fut très sensible à tous ces soins et en exprima plusieurs fois sa confusion et sa reconnaissance.

« *in cœlo et in terra !* » Au plus fort de ses crises, quand on lui suggérait la prière de Jésus au jardin des Olives : *transeat a me calix iste !* il ajoutait aussitôt : « *Verumtamen non sicut ego volo sed* « *sicut tu* » (**1**).

Le **P.** Lamotte avait dans le monde un frère, qui, pour avoir suivi une carrière différente, n'en avait pas moins conservé pour lui une vive affection. Le frère et la belle-sœur, aux dernières vacances, l'avaient soigné comme leur enfant. Tous deux n'attendaient que le moment de sa convalescence pour lui offrir, soit à la ville, soit à la campagne, leur maison, leur dévouement, leurs soins. Cet espoir avait souri, un moment, au **P.** Lamotte ; mais il était à plus de cent lieues de son frère, et trop faible pour tenter un pareil voyage. **M.** Lamotte, de son côté, était professeur à l'Ecole préparatoire de médecine de Clermont, et de plus, sa santé éprouvée aussi ne lui permettait pas de se mettre en route. Combien cet éloignement fut pénible pour l'un et l'autre ! Mais le religieux accepta vite ce nouveau sacrifice que Dieu lui demandait. Il aurait pu se faire transporter au noviciat de Montbel, situé à trois lieues de **La Seyne.** Le **R. P.** Duffieux, supérieur de cette maison, lui avait écrit pour l'attirer dans cette charmante solitude. Le **P.** Lamotte se montra extrêmement sensible à ces invitations. Mais après

(1) Matth. 26, 39.

avoir délibéré en lui-même, il se tourna vers le **R. P. Économe**, et lui parla à peu près en ces termes :
« Mon père, vous voyez tous les embarras que je
« cause, tous les soins que demande mon triste état ;
« dites-moi si l'on peut me garder ici, si ma maladie
« ne met pas trop de gêne dans la maison. » Le père, exprimant nos sentiments à tous, répondit :
« Mais non, mon père, certainement non, vous ne
« nous gênez pas ; nous vous garderons, et, avec le
« secours de nos bonnes sœurs, nous vous soigne-
« rons jusqu'à ce que vous soyez complétement ré-
« tabli. » — « Eh bien , reprit le malade , je
« reste ici ; je ne serai nulle part aussi bien pour
« vivre et pour mourir qu'au milieu de mes frères
« Maristes. »

Le **P. Lamotte**, en pleine santé, se confessait ré-
gulièrement tous les huit jours. Quand il se vit en
face d'un danger sérieux, il n'eut rien à changer à ses
habitudes ; seulement il y mit plus d'attention et de
gravité. Un soir, peu avant de se confiner dans sa
chambre pour n'en plus sortir, il alla trouver son
directeur : — « Je viens me confesser, dit il ; ma
« huitaine est passée ; j'ai peur que ces crises me
« jouent un mauvais tour. » Peu après il fit, avec
une sévère exactitude et le plus vif repentir, une con-
fession générale de toute sa vie, en remontant aux
premiers souvenirs d'enfance ; et quand elle fut ache-

vée, il attendit dans un calme profond le jour où Dieu l'appellerait à lui.

VI

Ce fut là, en effet, une des grâces signalées que Dieu lui fit pendant sa longue maladie. Aucun souvenir, aucun scrupule, aucune terreur ne vinrent troubler la paix de sa conscience et la sécurité de son âme ; il ne fut effrayé ni des jugements de Dieu ni de la vue de l'éternité ; l'idée de l'enfer ne se présentait pas même à lui, tant sa confiance était absolue dans la miséricorde divine. Comment le bon père aurait-il pu redouter des châtiments éternels ? son enfance avait été pure, sa jeunesse chaste ; dès qu'il avait eu la liberté de sa volonté et le choix de son avenir, il s'était jeté entre les bras de Dieu en embrassant la vie religieuse, et nous avons vu comment il en avait rempli les devoirs. En un mot, sa conscience droite et ferme n'avait voulu que le bien ; il avait cherché en toutes choses la gloire et le bon plaisir de Dieu ; qu'avait-il à craindre de sa justice ?

Une faveur non moins grande fut de ne pas éprouver le tourment de l'ennui. Un mois de repos d'abord, puis deux mois d'inaction absolue, pour un esprit aussi ardent et une intelligence aussi active, semblaient devoir être une éternité. Cependant, jamais il ne se plaignit de la durée du temps ; et comme nous admirions sa patience, il nous répondait : « Je « ne m'ennuie point ; je trouve toujours moyen « d'occuper mes jours et mes nuits ; je divise mes « heures, je rappelle mes souvenirs ; et mes vieilles « histoires, qui me reviennnent, m'amusent et fixent « mon attention. » Une fois il dit : « Le temps « passe sans que je m'en aperçoive ; je songe à ma « triste position ; je cherche, sans le trouver, le siége « de ma maladie ; la douleur m'absorbe tout en- « tier. »

Ses confidents intimes savaient que ses pensées étaient surtout du ciel, de Dieu, de la Ste-Vierge, de la chère société de Marie, pour laquelle il eut toujours un tendre et filial attachement. Mais c'était rarement, en termes courts et vifs qu'il exprimait cet ordre d'idées ; sa nature positive se prêtait peu à des manifestations sensibles ; et ce n'était qu'à certaines heures plus recueillies, et avec certains amis, qu'il s'ouvrait à ces épanchements affectueux.

Depuis qu'il avait quitté la communauté pour vivre languissant et isolé dans sa cellule, bien des fêtes avaient passé dans l'Institution Sainte-Marie : la Semaine Sainte avec ses tristesses, Pâques avec ses joyeuses vacances, le mois de mai avec ses fleurs et ses cantiques, le patronage de saint Joseph, l'une des solennités de l'établissement. Le **P.** Lamotte ne prit aucune part à toutes ces joies ; à peine leur écho lointain arrivait-il jusqu'à son oreille. Il ne voulait plus avoir de rapport avec la terre ; les visites un peu nombreuses et bruyantes le fatiguaient. Pour les soins essentiels il recevait ses confrères ; mais il ne permit plus que ses élèves vinssent le voir. Il restait de longs moments immobile et silencieux ; les moindres paroles, qu'il était obligé de dire, épuisaient son attention et ses forces.

Cependant deux consultations de docteurs avaient eu lieu, et toutes deux nous avaient laissé sans espérance. Il nous sembla alors qu'il était temps d'avertir notre cher malade que sa fin était prochaine, non certes pour qu'il mît ordre à sa conscience, mais pour qu'il reçut, avec les derniers sacrements, les suprêmes consolations de la foi, et renouvelât entre les mains de Dieu le sacrifice de sa vie.

Vers le 7 mai, profitant d'un moment de calme, le **R. P.** supérieur lui dit : « Bon père Lamotte, « vous avez été bien fatigué cette nuit ? » Il répondit par un signe affirmatif. « Si le bon Dieu voulait « vous appeler à lui, est-ce que vous ne lui feriez « pas volontiers le sacrifice de votre vie ? » Le bon père ne pouvait plus parler ; mais il serra avec viva-

cité la main de son Supérieur. « Vous le feriez
« joyeusement, n'est-ce pas, mon père ? » Il pressa
de nouveau sa main en signe d'acquiescement, et
ajouta : « Oui! oui! » — « N'est-ce pas qu'il vaut
« mieux être au ciel avec Jésus, avec Marie, notre
« mère, en compagnie des anges et des saints? »
— « Oh! oui. » — « Eh bien! réjouissez-vous,
« je crois que ce beau mois de Marie, que nous
« avons commencé sur la terre, s'achèvera pour
« vous dans le ciel; c'est l'opinion de nos docteurs ;
« et j'ai cru vous consoler et vous faire plaisir en
« vous donnant cette nouvelle. » Le religieux, sans
étonnement, sans regret, remercia le R. P. supérieur avec effusion, de cette grande et bonne nouvelle
à laquelle il était depuis longtemps préparé. Dès lors,
il se détacha entièrement de toutes les choses de ce
monde ; et sa pensée ne le ramena sur la terre que
pour ressentir les coups de la douleur, ou pour
donner un dernier adieu et un suprême souvenir aux
plus chères et aux plus pures affections.

On lui proposa alors de recevoir le saint Viatique
et l'Extrême-Onction. « Le Viatique, non, pas
« encore, dit-il, je ne suis pas encore assez mal
« pour communier sans être à jeun ; mais l'Extrême-
« Onction, oui ; quand même je devrais encore vivre
« quelques jours, cela me donnera du courage pour
« souffrir ; c'est là le but du sacrement. » Le len-

demain, en effet, le **R. P.** supérieur, entouré d'un grand nombre de pères, accomplit cette cérémonie si grave et si touchante. Le malade reçut les onctions saintes, avec une foi vive, suivant avec ferveur tous les rites sacrés et s'unissant à tous les sentiments exprimés dans les prières liturgiques.

Ceci se passait le 9 mai, à 8 heures du matin. Le soir du même jour, on lui parla encore de la communion en Viatique. « Pensez-vous que je sois « assez mal pour la recevoir? » — « Oui, mon « père. » — « Eh bien! je la désire de tout mon « cœur. »

Le 10, à la même heure, tout était préparé pour cette nouvelle cérémonie; le Dieu qu'il avait si sou-vent offert à l'autel, qu'il avait tant de fois visité dans son sanctuaire, venait le visiter à son tour dans son humble cellule, il venait se donner à lui et lui servir de compagnon dans le grand voyage du temps à l'é-ternité. Il reçut son divin Maître avec une piété re-cueillie, le cœur absorbé dans la prière et dans la con-templation du divin amour.

VII

On ne croyait pas qu'il dût passer la journée; les crises étaient plus fréquentes et finissaient par des spasmes qui ressemblaient à l'agonie. Mais Dieu, qui voulait accroître ses mérites, prolongea encore de quatorze jours ses souffrances, et pour qu'il n'en perdît pas le profit, il lui laissa jusqu'au bout le sentiment et la connaissance de tout ce qui se passait en lui et autour de lui. Nous eûmes encore diverses alertes, pendant lesquelles on crut qu'il allait expirer. Au milieu d'une crise, le supérieur fut appelé en toute hâte ; il accourut avec plusieurs pères. Mais lui, à voix basse : « Non, pas encore ; les pères se sont « trop effrayés ; l'heure n'est pas venue ; je suis en- « core fort ; il y a encore bien de la vie en moi. »

Et pourtant, il ne prenait plus aucune nourriture ; son estomac supportait à peine quelques cuillerées de bouillon ou d'eau rougie de vin ; la vie semblait errer sur ses lèvres. Dans cette extrémité, nous nous mîmes à genoux et nous commençâmes les prières de la recommandation de l'âme. Lui tenait sa droite dans les mains du R. P. économe, sa gauche dans celles du R. P. supérieur, et suivait de cœur et quelquefois de bouche les litanies des agonisants. A l'invocation : « *Sancte Augustine* » il pressa les mains des pères et dit : « C'est mon patron ; encore « une fois... » Il fit de même répéter : « *a periculo* « *mortis, a malâ morte..., a potestate diaboli,* » et son confesseur qui vit là, peut-être à tort, un sentiment d'inquiétude, lui dit à haute voix · « Ne crai-

« gnez rien, mon père, vous êtes enfant de la Ste-
« Vierge ; vous vous êtes tant de fois consacré à elle ;
« elle ne peut vous abandonner en ce moment. »
Le calme reparut aussitôt, et sa confiance, que rien
ne vint plus troubler, montra une fois de plus combien Marie protége, à l'heure de la mort, ses fidèles
serviteurs.

Ici se place un récit naïf, que nous demandons la
permission de transcrire dans toute sa simplicité. Le
R. P. préfet des classes avait été son condisciple au
petit séminaire d'Iseure ; et les liens de la vie religieuse n'avaient fait qu'affermir ceux d'une vieille
amitié ; cette nuit, il était de garde avec un de ses
confrères. Voici comment il raconta l'entretien qu'il
eut avec le moribond :

J'étais auprès du bon père ; après l'avoir placé
sur son lit, il me prit la main , l'appuya sur sa
joue, en me disant : « Laissez - là votre main,
« c'est un bonheur pour moi ; tandis que vous me
« souteniez le front et que j'avais la tête penchée sur
« votre épaule, je me sentais très-mal, et je remer-
« ciais Dieu de me faire mourir entre les bras d'un
« Mariste, d'un *Iseurien*, mon compatriote, » Là-
dessus , nous parlâmes d'Iseure , et arrivant à
M. l'abbé ***, notre ancien directeur, qui nous
avait suivis au noviciat et n'y était point resté :

« C'est pourtant lui qui nous a envoyés ici ; ah ! si
« le sacrifice de ma vie peut lui attirer des grâces
« et le rendre heureux, je l'offre bien sincèrement et
« bien volontiers pour lui. »

« Dans un autre moment, il se mit à compter tout
fort et lentement : « Dix-sept, dix-huit, dix-neuf !...
« oui, c'est le dix-neuf mai que ma pauvre mère est
« morte ; je ne pourrai donc pas, dit-il en pleurant,
« faire le Chemin de la Croix pour elle, moi qui
« n'y manquais jamais à pareil jour. » Je lui promis
de le faire en son nom, avec quelques pères, et il
me serra la main, remerciant et souriant avec bonheur. »

Nous continuons le récit sans qualifier le fait que
nous allons raconter. Il montrera du moins à quel
point la vocation religieuse, loin d'étouffer la piété
filiale, l'épure et l'élève, et combien le cœur de notre
confrère, sous une froideur apparente, cachait une
profonde sensibilité.

Alors, levant au ciel ses yeux brillants de larmes : « Ma mère, dit-il..., un soir, il y a cinq
« ans de cela, je revenais de faire le Chemin de la
« Croix pour elle, je rentrai chez moi en proie à un
« mouvement singulier, que j'attribuais à une agita-
« tion nerveuse ; j'étais content ; j'éprouvais un cer-
« tain bonheur qui m'empêchait de dormir ; alors je

« vis ma mère ; elle était belle, rayonnante... Ayant
« besoin de sommeil et ne voulant pas céder à l'in-
« fluence d'un rêve, je fis ce que je pus pour détour-
« ner ma pensée et pour m'endormir ; je me tourne,
« me retourne, mais en vain ; toujours elle était là, me
« souriant, me remplissant de joie et de consolation.
« Toute la nuit, je repoussais ce que je croyais être
« une illusion, et toute la nuit il m'a fallu subir ce
« charme. »

Le 18, il fut particulièrement frappé de ce tou-
chant souvenir de sa mère. « Demain, dit-il, c'est
« l'anniversaire de sa mort ; elle me tend les bras ;
« je crois que je mourrai demain. » Et cette image
l'attendrissant de plus en plus, il y revint à plusieurs
reprises ; il en parla au P. directeur, au P. supérieur,
à Mme la supérieure des Religieuses. Il rappelait la
tendresse, la piété de cette bonne mère qu'il avait
perdue à l'âge de treize ans, mais dont son cœur
avait gardé un religieux souvenir. « Quel bonheur !
« je vais la revoir !... demain, peut-être ! »

Il n'oublia pas non plus son frère, sa sœur, ses
petits-neveux. Il y avait sur sa cheminée les portraits
photographiés de deux enfants tout jeunes. « Tenez,
« dit-il, ils sont là ; donnez-les moi : que je les baise
« une dernière fois ; cela fera plaisir à mon frère et
« à ma sœur.... » et il pressa longtemps ces deux

images sur ses lèvres mourantes. Quelques moments
après, il fit un signe, et le **P.** supérieur se penchant
vers lui : « J'ai songé, lui dit-il, à ce que je pourrais
« laisser comme souvenir à ma famille, je vous de-
« mande la permission de lui abandonner ma croix
« de **Mariste** ; il me semble que rien n'est plus con-
« venable de la part d'un frère prêtre et religieux.

« **Et** maintenant, — ajouta-t-il en nous tendant
les mains, — « c'est vous qui êtes ma famille ; c'est
« entre vos bras que je vais mourir. » — « **Nous**
« ne vous abandonnerons jamais, dit le **P.** supé-
« rieur, la société de **Marie** est notre commune
« mère ; et nous sommes pour vous des amis
« et des frères. » — « **Des** pères ! » dit-il avec
une émotion qui se trahissait par d'abondantes
larmes.

Un long silence succéda à cette scène ; puis il demanda de l'encre et du papier, et, ramassant le reste
de ses forces, il écrivit d'une main tremblante, une
lettre, où se révélait encore la vigueur de son esprit
et la tendresse éloquente de son âme. Son frère, sa
sœur, leurs enfants, ne laisseront jamais périr cette
admirable page. Il commence au nom de la Trinité
sainte, en face de l'éternité où il va bientôt entrer ;
il les remercie de tout ce qu'ils ont fait pour lui ; leur
donne de pressants conseils pour la sanctification de
chacun d'eux ; leur lègue sa croix comme souvenir ;

leur fait ses tendres et suprêmes adieux, les bénit et les conjure de ne pas manquer à ce rendez-vous qui doit les réunir éternellement. Ce fut là comme son testament religieux et la dernière page qu'il écrivit sur la terre.

VIII

Le père s'était trompé, dans l'attente de son dernier jour. Mais, dans la journée du 23, des signes non équivoques vinrent nous avertir que le moment approchait. Les crises se terminaient par des vomissements de sang qui avaient lieu jusqu'à cinq ou six fois par jour ; ces pertes abondantes achevèrent de l'épuiser. Le 24, elles se renouvelèrent toutes les deux ou trois heures ; on ne comprenait pas comment il pouvait y résister ; même assis, son corps se courbait de lassitude ; sa tête, tantôt renversée, tantôt inclinée en avant, à droite ou à gauche, ne se soutenait d'aucune manière. Le **R. P.** supérieur, le **R. P.** directeur, le **R. P.** économe ne le quittaient plus ; d'autres les secondaient de leur mieux et se remplaçaient auprès du cher mourant ; le **P.** supérieur l'exhortait : « **Bon père** « **Lamotte**, vous êtes sur la croix avec **Notre-Sei-** « gneur ; sa tête couronnée d'épines ne pouvait non « plus se soutenir ; ses pieds et ses mains souffraient

« d'ineffables douleurs ; offrez-lui vos souffrances. »
Il murmura tout bas : « Elles ne sont rien auprès
« des siennes. » Et intérieurement et extérieure-
ment il réitérait les actes de résignation et d'amour.

Le **R. P.** supérieur lui proposa de renouveler ses
vœux, ce que le malade fit d'une voix claire et dis-
tincte. Il lui fit gagner les indulgences des trois
scapulaires, lui appliqua l'indulgence plénière à l'ar-
ticle de la mort ; et puis nous attendîmes dans une
anxiété douloureuse.

Entre huit et neuf heures du soir, les souffrances
devinrent si grandes qu'aucune position ne fut plus
tolérable ; tout son corps se plia en avant, et il fallut
qu'un père lui soutînt la tête avec ses deux mains
pour l'empêcher de s'incliner jusqu'à terre. Le **R. P.**
Chastel le soutint longtemps ainsi, puis le **P.** économe prit sa place pendant une heure, et, vers dix
heures, le **P.** supérieur lui succéda. A onze heures,
on remarqua que sa respiration devenait courte et
faible ; on lui présenta sa croix dont il baisa les pieds
par un suprême effort. Le **P.** économe recommença
les prières des agonisants, et quelques minutes après,
le supérieur l'interrompait pour donner une dernière
absolution ; notre saint confrère, presque sans qu'on
s'en aperçut, s'endormait dans ses bras, du sommeil
des justes.

C'était le vendredi, 24 mai, fête de **N.-D.** Auxi-
liatrice.

Le **R. P.** Lamotte était né le 5 décembre 1827 ;
il comptait trente-neuf ans et demi d'âge et dix-
neuf ans et demi de vie religieuse. Il avait été
administré le 9 du présent mois ; et depuis, il avait
eu la consolation de communier encore cinq fois en
viatique. Le matin du jour où il mourut, il reçut
pour la dernière fois le pain des forts.

Le **R. P.** supérieur, dans une lettre où il racon-
tait au **T. R. P.** supérieur général les divers incidents
et la crise finale de cette longue maladie, ajoutait :

« Vous dire, mon **R. P.**, les sentiments dont
cette bienheureuse mort pénétra nos cœurs, est chose
impossible. Il y avait de la douleur, des regrets, de
la reconnaissance, une sainte joie et d'ineffables consolations. Notre premier soin, après avoir fermé les
yeux de notre frère, fut de prier pour lui. Nous nous
agenouillâmes pour réciter six *Pater*, six *Ave*, six
Gloria et le *De profundis* ; puis nous couvrîmes
de baisers fraternels ce front décoloré que la foi nous
montrait déjà vivant et transfiguré dans la résurrection ; nous le plaçâmes, après l'avoir habillé, sur un
lit de parade en attendant le jour ; et le **P.** directeur,
avec un autre père, fut appelé pour prier à ses côtés
le reste de la nuit. »

Au point du jour, la nouvelle de ce trépas se répandit dans toute la maison et se propagea rapidement au dehors. Les élèves supplièrent qu'on leur permît d'entrer dans la chambre de leur bon maître, qu'ils n'avaient pas vu depuis deux mois. Pour satisfaire leur empressement, il fallut organiser ces visites et les amener, par groupes, dans la cellule du défunt. Il était couché sur son lit, vêtu du surplis et de l'étole ; son visage amaigri n'avait rien d'effrayant ; ses traits, contractés par la souffrance, avaient repris tout leur naturel ; il était calme, presque souriant et gardait dans la mort cette impression de paix qu'il avait eue pendant toute sa maladie. Aussi, on ne se lassait pas de le contempler ; on entrait, on s'agenouillait, on priait, et on s'éloignait pour revenir encore.

Le concours d'élèves, de pères, d'étrangers, que la piété ou l'amitié attirait autour de cette couche funèbre ne s'arrêta pas de toute la journée. Parmi ces nombreux visiteurs, on ne vit pas sans émotion le vénérable **M.** Eydoux venir à son tour, rendre un dernier hommage à la dépouille de son collègue et ami, prier longtemps à ses pieds, jeter sur lui l'eau bénite, déposer un baiser sur son front et se retirer les yeux mouillés de larmes.

Cependant, l'opinion de sa sainteté se manifestait

de plus en plus. Tout le monde savait qu'il était tombé victime de son dévouement. Ses vertus étaient racontées, son éloge était dans toutes les bouches. Tous les élèves voulaient avoir quelque souvenir de lui. On lui faisait toucher des chapelets et d'autres objets de piété. Un élève lui coupa furtivement une mèche de ses cheveux et les partagea entre quelques amis ; dès lors, tous voulurent en avoir ; et le soir, quand on l'ensevelit, de larges touffes manquaient à sa chevelure, blanchie avant l'âge par les travaux et les veilles.

Les obsèques eurent lieu le dimanche matin à onze heures ; de nombreuses lettres de faire-part avaient annoncé à nos amis la perte que nous avions faite et l'heure des funérailles. On vit alors combien l'humble religieux, qui pendant sa vie n'avait connu en quelque sorte que sa cellule et sa classe, était connu et apprécié dans le monde. Quand le convoi sortit de notre chapelle, toute la ville était sur le Cours ; grand nombre de familles de Toulon et de La Seyne étaient venues prendre part à notre deuil et formaient le cortége. Les élèves de la première division avaient réclamé l'honneur de porter le cercueil, et leurs mains filiales et nos mains fraternelles se succédèrent pour rendre ce pieux devoir à notre confrère vénéré. A l'église de la paroisse, on célébra une messe solennelle. Le matin, l'église était tout en fête ; c'était le jour de la première communion ; à ce moment elle était tout en deuil. Cette transformation, due aux soins empressés de **M**. le Curé et de **MM**. les Vicaires, nous permit de célébrer l'office funèbre avec toute la solennité possible.

Il y a, au centre du cimetière de **La Seyne**, adossée au monument de la famille **Daniel**, et presque au niveau du sol, une large pierre funéraire, qu'entoure et protége une barrière de fer ; c'est le tombeau des **PP**. **Maristes**. Là reposent dans la paix du Seigneur les **RR**. **PP**. James, Duperron, Rotou, Lafay, Faugier ; là, à côté de ces restes chéris, fut déposée la dépouille mortelle du **R**. **P**. Lamotte ; c'est là qu'il dort son sommeil, en attendant le signal de la résurrection.

IX

Ces froides pages, écrites à plusieurs mois de distance, ont cherché à dépeindre l'effet que ce grand événement produisit dans la maison. Il faut renoncer à décrire tous les témoignages de sympathie et de regret qui nous vinrent du dehors. Ce jour et les suivants, nous reçumes les plus consolantes visites ; des lettres nous arrivèrent de tous les points de la France et même de l'étranger. Cette nouvelle causa une certaine émotion, jusque dans des collèges voi-

sins et dans de grands lycées. Quelques jours aupa-
ravant, un jeune lycéen écrivait à un élève de La
Seyne, son ancien condisciple : « Comment va votre
« père Lamotte ? j'ose espérer qu'il est toujours
« vivant. Si ce bon père venait à mourir, ce serait
« une bien grande perte pour votre Institution. »

Qu'on nous permette de citer encore quelques
passages de deux ou trois lettres : ils nous feront
connaître l'esprit et le ton général de toutes les
autres.

Un élève de l'Ecole Navale, sorti l'année précé-
dente du collége de La Seyne, nous écrivait au nom
de tous ses camarades :

« Mon révérend père,

« Nous avons appris avec douleur la perte que
« vient de faire l'Institution Sainte-Marie. Depuis
« longtemps, les lettres que nous recevions de La
« Seyne nous apprenaient les progrès de la maladie,
« mais nous espérions que le bon père se relèverait,
« et que nous pourrions revoir aux vacances notre
« cher professeur. La Providence en a décidé au-
« trement. Ce doit être une peine bien grande pour
« les élèves du collége, en particulier pour les ma-
« rins, qui l'aimaient tant, et que, par dessus tous
« les autres, il avait pris en affection.... »

« Je me souviens, mon père, que l'avant veille
« de notre départ, le P. Lamotte nous réunit en

« classe et nous donna quelques conseils sur les
« examens ; des examens il passa au genre de vie
« qu'allaient avoir à l'Ecole Navale et dans leur car-
« rière future ceux qui seraient admis. — « Rap-
« pelez-vous toujours, nous disait-il, les principes
« que vous avez reçus ici. Quand je songe que vous
« pouvez être surpris à tout instant par la mort, et
« que certainement, dans cinq ans d'ici, quelqu'un
« de nous aura quitté cette terre !... » — Hélas !
« Dieu l'avait déjà choisi !.....»

Un des plus anciens élèves du collége de Saint-Chamond nous écrivait ces lignes, aussi pleines de sympathie que de foi religieuse :

« Mon cher et révérend père,

« Vous venez de faire une bien grande perte
« dans cet excellent et bien-aimé P. Lamotte, et je
« m'associe du fond du cœur à votre juste douleur.
« Mourir sitôt ! lui que tout le monde chérissait, lui
« qui était si bon, si indulgent, doué de tant de
« vertus, lui dont la modestie égalait le mérite, lui
« qui allait si bien à l'esprit et au cœur de ses élè-
« ves ! Sa mort arrachera des larmes sincères à tous
« ceux qui l'ont connu, parce qu'il était de ceux
« qu'on ne peut connaître sans les aimer.

« Et vous, mon cher père, qui l'avez assisté dans
« ses derniers moments, qui avez été témoin de ses

« travaux et ses souffrances, qui avez recueilli son der-
« nier soupir, vous et tous les Révérends Pères de La
« Seyne, qui l'avez vu succomber comme un vaillant
« soldat au champ d'honneur, combien il a dû vous
« en coûter de dire adieu, ou plutôt au revoir, à cet
« homme de bien ! Mais vous avez la douce espérance
« de le retrouver dans un monde meilleur ; puisse
« cette espérance vous consoler d'une telle perte !
« Puissent aussi les affectueuses sympathies de vos
« élèves adoucir votre chagrin ! »

Pour couronner tous ces témoignages, nous demandons à un excellent père de famille la permission
de transcrire cette demi-page écrite à son fils, le jour
même des obsèques du **P.** Lamotte :

« Mon cher enfant,

« Si quelque chose pouvait augmenter le senti-
« ment de tristesse que m'a fait éprouver hier la let-
« tre de deuil des bons Pères, ce serait le regret de
« ne pouvoir aller m'associer à l'hommage que tous
« ceux qui connaissaient, qui avaient pu voir un seul
« instant le **P.** Lamotte, voudront rendre à sa mé-
« moire vénérée.

« Ta lettre, que je reçois ce matin à huit heures,
« vient encore me faire sentir plus vivement ce re-
« gret.

« Hier, aussitôt après avoir reçu la lettre de faire-
« part, j'ai chargé ta sœur E***, malgré le be-
« soin qu'en avait ta mère, d'aller te voir et te dire
« de présenter mes excuses au **R. P.** supérieur, à
« qui je les offrirai personnellement jeudi.

« Tu sais, mon enfant, comment je me suis tou-
« jours associé à ta reconnaissance pour tes profes-
« seurs, et en particulier, combien j'avais été profon-
« dément touché du dévouement avec lequel le **P.**
« Lamotte vous donnait sa vie.

« Tu sais que, même avant qu'il fût ton maître,
« nous avions deviné ce qu'il était, en le voyant en-
« touré de ses élèves dans la cour du collége, et le
« vif sentiment de sympathie qui m'entraînait vers
« lui dès ce moment-là.....

« Ta mère et ta sœur sont aussi attristées que moi.
« Ton ancien condisciple, le jeune **B***, vient de
« nous demander des nouvelles du **P.** Lamotte ;
« cette mort est un deuil public.

« Travaille et prie, mon cher enfant ; celui que
« vous pleurez s'en réjouira là-haut ; et vous ne
« pouvez mieux faire pour vous acquitter envers
« lui. »

Ces lettres résument toutes les autres. Ce sont
partout les mêmes pensées, les mêmes sentiments de
regret et d'affectueuse vénération.

Et maintenant, ô bon **P. Lamotte** ! nous vous quittons, car il faut mettre fin à ce récit ; mais nous vous quittons, le cœur plein de consolation et d'espérance, parce que la foi qui nous fut commune vient adoucir nos pleurs et nos regrets. Nous vous quittons, mais nous ne vous perdons point tout entier, car les liens qui nous unissaient sur la terre ne sont pas de ceux qui peuvent être rompus par la mort. Vous, là-haut, nous, ici, nous restons invisiblement, mais inséparablement unis par la charité ; et quand la mort aura déchiré le voile qui vous dérobe à nos yeux, vous viendrez au devant de nous, et nos cœurs se rencontrant au sein de **Dieu**, s'uniront dans l'enivrement de l'éternelle gloire et de l'éternel bonheur !

BIBLIOTHEQUE NATIONALE DE FRANCE
3 7502 010023002